浪花朵朵

[美]蒂莫西·库尼博士等 著 顾晓军 译 浪花朵朵 编订

美国小学标准科学教材

美国科学

SCOTT FORESMAN SCIENCE

地球科学·第二级

海峡出版发行集团
THE STRAITS PUBLISHING & DISTRIBUTING GROUP
福建教育出版社

内容科学顾问：
美国国家航空航天局

图书在版编目（CIP）数据

美国科学. 地球科学. 第二级 / (美) 蒂莫西 · 库尼等著；顾晓军译；浪花朵朵编订. -- 福州：福建教育出版社, 2018.8（2022.10）

ISBN 978-7-5334-7968-8

Ⅰ. ①美… Ⅱ. ①蒂… ②顾… ③浪… Ⅲ. ①地球科学—小学—教材 Ⅳ. ①G624.61

中国版本图书馆CIP数据核字(2017)第312578号

美国科学 · 地球科学 · 第二级

Meiguo Kexue Diqiu Kexue Di-er Ji

作　　者：[美] 蒂莫西 · 库尼 等　　译　　者：顾晓军　　编　　订：浪花朵朵
出 版 人：江金辉　　责任编辑：雷　娜　　美术编辑：邓伦香
筹划出版：后浪出版公司　　出版统筹：吴兴元　　特约编辑：靳凯岚
营销推广：ONEBOOK　　装帧制造：墨白空间 · 李渔　　经　　销：新华书店

出版发行：海峡出版发行集团
福建教育出版社
（福州市梦山路 27 号　邮编：350025　http：//www.fep.com.cn
编辑部电话：0591-83726290　发行部电话：0591-83721876/87115073，010-62027445）

印　　刷：天津雅图印刷有限公司　　开　　本：889 毫米 × 1194 毫米　1/16
印　　张：6.75　　字　　数：73 千字
版　　次：2018 年 8 月第 1 版　　印　　次：2022 年 10 月第 2 次印刷
书　　号：ISBN 978-7-5334-7968-8　　定　　价：50.00 元

读者服务：reader@hinabook.com 188-1142-1266　　购书服务：buy@hinabook.com 133-6657-3072
投稿服务：onebook@hinabook.com 133-6631-2326　　网上订购：www.hinabook.com（后浪官网）

科学

以全新视角解读学习

注：本页目录的内容有助于培养学习者的科学思维与科学实验探究能力，编者认为至关重要。因各单元重复，先将具体内容放至《美国科学·太空与技术·第二级》一书中，敬请查看。

单元 A 生命科学

单元 B 地球科学

第一章 地球的土地、空气和水

地球的自然资源有哪些?

天气如何变化?

第二章 地球的天气和季节

第三章 化石与恐龙

人们如何了解
很久以前的地球?

单元 C 物理科学

单元 D 太空与技术

提示

请各位读者在阅读本书之前，首先学习《美国科学·太空与技术·第二级》第 vi-xviii 页的内容。

你将学习

- 人们如何利用地球的自然资源。
- 人们保护地球自然资源的方式。

第一章 地球的土地、空气和水

Chapter 1 Earth's Land, Air, and Water

地球的自然资源有哪些?

风化

自然资源

沙子

第一章
词汇

实验园地

指导探究

探索 不同的土壤有什么区别?

材料

两个放有不同土壤的纸盘

手持放大镜

滴管

装有水的杯子

做什么

1. 观察土壤。用眼睛看，用鼻子闻，并且用手触摸。
2. 使用手持放大镜，观察较小的土壤颗粒。
3. 加入水，观察土壤是如何吸收水的。

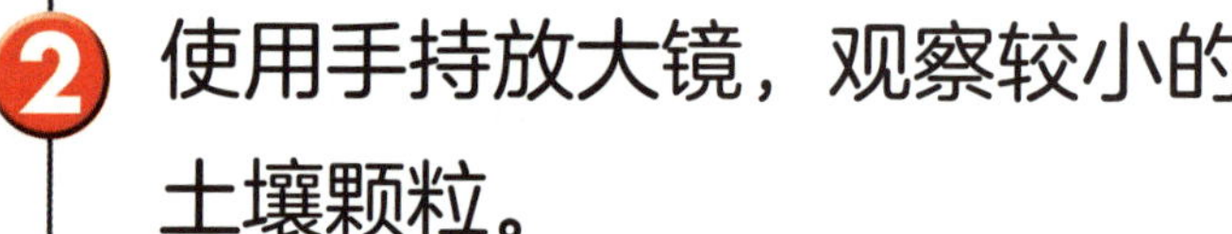

给纸盘贴上标签

沙土

盆栽土

过程中的技巧

观察是指用眼睛看，用鼻子闻，并且用手触摸。

解释结果

观察 这两种土壤有什么相同点和不同点?

如何阅读科学

阅读技巧

图片线索

图片能提供与阅读内容相关的线索。

科学文章

土壤

许多生物生活在土壤中。植物在土壤中生长，蚯蚓和其他一些动物也生活在土壤里。

运用

观察 什么生活在土壤里？在图片中寻找线索。

你在现场

自然资源

按照《你有没有见过一个小姑娘》(*Did You Ever See a Lassie*) 的调唱这首歌
歌词：Gerri Brioso & Richard Freitas/ The Dovetail Group, Inc.

Earth has many natural resources,
Resources, resources.
Name some natural resources,
We need and use.

地球有许多自然资源，
自然资源，自然资源。
说出一些我们需要和使用的
自然资源。

Sunlight, and water and air are all resources.
Natural resources,
We need and use.

阳光、水和空气都是自然资源。
自然资源，
我们需要，
我们也使用。

第一课

自然资源有哪些?

阳光、水和森林是自然资源。**自然资源**是来自大自然的有用的物质。石油和煤就是自然资源。

有些自然资源用完就不能再生。石油和煤炭就不能再生。

有些自然资源用完之后可以再生。可以种植新的树木来替代被砍伐的木材。

一些自然资源永远不会用完。阳光、水和空气永远不会用完。

水和空气

水是一种自然资源。植物、动物和人的生存都需要水。池塘、河流、小溪和湖泊里有淡水，海洋里有咸水。

人们利用水的方式有许多种。
人们喝水。
人们用水来烹饪和清洗。

空气是一种自然资源。植物、动物和人的生存都需要空气。空气就在我们周围。风就是流动的空气。

本课检测点

1.说出一些自然资源。

2.科学写作

制作列表。列出你每天用水的方式。

植物需要水才能生存。

足球里充满空气。

这条渔船从海里捕鱼给人们食用。

热气球里充满热空气。

第二课

什么是岩石和土壤?

岩石是自然资源。岩石有各种形状、颜色和大小。巨大的岩石被称为**巨石**。人们用石头来建造房屋。

风、雨和冰可以使岩石碎成小块。**沙子**是细小的岩石碎粒。有些岩石可能会比一粒沙子还要小。人们利用沙子来修筑道路。

矿物是一种自然资源。**矿物**是来自地球的非生命物质。岩石是由矿物组成的。金、铁和银都是矿物。

石英是一种矿物，用来制作玻璃。

铜是一种矿物。有些锅就是用铜做的。

1. **检测点** 说出四种矿物。
2. **科学中的数学** 想象一块巨石。巨石的长度更接近 10 英寸还是 10 英尺？解释一下你的答案。

土壤

土壤是一种自然资源。地球大部分的陆地上都覆盖着土壤。许多土壤由黏土、沙子和腐殖质混合而成。土壤里含有空气和水。大多数植物生长在土壤中。

土壤有不同的颜色。土壤有的硬、有的软、有的湿润、有的干燥。

黏土有很多小块，
摸起来非常光滑、
柔软，而且很黏。

沙土是松散的，
摸起来又干又粗糙。

腐殖质是土壤的一部分，由土壤中的生物残体形成。

不同种类的植物适宜在不同的土壤中生长。有些植物在一种土壤里生长得很好，但是在另一种土壤里可能生长得不好。

检测点

1.描述沙土、黏土和腐殖质。

2. 使用**图片线索**。说一说沙土、黏土和腐殖质有什么不同。

第三课

人们是如何利用植物的?

植物是一种自然资源。人们有很多种方式来利用植物。人们可以用植物制作食物、衣服，还有住所。图片展示了一些由植物制成的日常用品。

人们用棉花来制作衣物。这件T恤就是由棉花制成的。

人们用松木来建造房屋。

1.说出一种人们利用棉花的方式。

2. 使用**图片线索**回答：哪些东西是由树木制成的？

人们用小麦来制作食物。
面包就是由小麦制成的。

人们用树木来造纸。
想一想：人们使用纸的方式有哪些？

第四课

地球是如何变化的?

地球总是在变化。侵蚀会改变地球。
侵蚀是指水或风使岩石或土壤发生变化。

植物能有效地防止侵蚀,
它的根使土壤不容易流失。

看看这块土地里的侵蚀现象!

风化也会改变地球。**风化**是指岩石碎裂，发生改变。水可以导致风化，温度的变化也能导致风化。

检测点

1. 风化是如何改变地球的？
2. 科学写作 找一找你家附近的侵蚀现象。把你看到的写下来。

在土地中挖掘洞穴的动物也会改变地球。土拨鼠改变了地表的形态。

第五课

人们如何保护地球?

人们制造污染，影响了地球。**污染**是指有害的物质排放到空气、土壤或水中。污染会导致动植物生病或死亡。

许多人已经开始共同努力、减少污染。他们想保护动植物，也想保护地球。

这个湖曾经污染严重。

人们努力清理了这个湖泊。现在，动植物可以安全地在这里生长了。

1. **检测点** 什么是污染？
2. **科学中的健康** 洁净的水对人的重要性表现在哪些方面？

节约利用、重复利用和循环利用

人们可以用哪些方式来保护地球？可以捡起地上的垃圾，或者减少物品消耗的数量。**节约利用**是指用得更少。你如何减少每天的用水量呢？

人们可以重复利用事物。**重复利用**是指再次利用。你如何重复利用一个鞋盒呢？

塑料牛奶盒可以循环利用，做成新的物品。

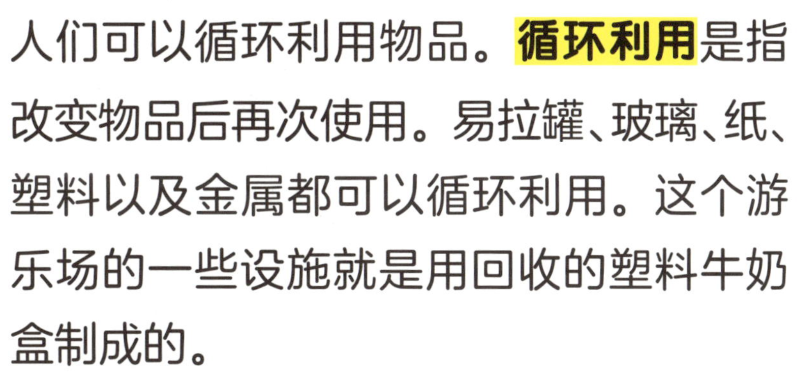

人们可以循环利用物品。**循环利用**是指改变物品后再次使用。易拉罐、玻璃、纸、塑料以及金属都可以循环利用。这个游乐场的一些设施就是用回收的塑料牛奶盒制成的。

1. 检测点 你能做些什么来帮助保护地球？
2. 科学中的艺术 收集空瓶子和其他废旧物品，并用它们来进行创作。

保护植物与动物

咔嚓！人们把树砍倒了。但是有些动物生活在树上，因此人们要种植新的树木，这样动物就能在新种植的树上安家了。

营火会蔓延成森林大火。一定要记得灭掉营火。

风和火会毁坏森林。大火之后，森林里又会长出新的树木，这些新树可能会长得又高又大。

人们在陆地上建造家园和工厂，所以生活在陆地上的动植物很可能就失去了家园，所以人们把动植物送到保护地。保护地是动植物可以安全生活的地方，人们不能在保护地建造房屋。

这只鸟生活在佛罗里达州的保护地。在保护地，人们可以看到很多动植物。

检测点

1. 人们保护动植物的方式有哪些？
2. 科学中的技术
   在互联网上阅读一篇关于森林火灾的文章。

实验园地

引导探究

研究 蚯蚓是如何改变土壤的?

堆肥是指土壤、树叶和草等的混合物。蚯蚓是如何改变堆肥的？

材料

塑料手套

两袋土

树叶

蚯蚓

做什么

1. 戴上手套，把树叶放到两个袋子里。
2. 把蚯蚓放进其中一个袋子。

注意要把袋子封好。

过程中的技巧

填写表格可以帮助你**收集数据**。

3 连续三个星期**观察**这两个袋子。

蚯蚓是活的！小心处理。

4 **收集数据** 完成下面的表格，描述袋子里的变化。

堆肥袋子		
	有蚯蚓	没有蚯蚓
第一星期		
第二星期		
第三星期		

解释结果

1. 三个星期以后，哪个袋子里的树叶更多？
2. **推论** 树叶发生了什么？

深入研究

如果有更多的蚯蚓，会发生什么？探究一下，找出答案。

阅读图表——循环利用

纳尔逊学校想为保护环境出一份力，于是二年级的学生决定去回收易拉罐。

阅读条形图，找出二年级每个班级在一星期内回收的易拉罐数量。

1. 格林先生的班级回收了多少个易拉罐？
2. 希尔太太的班级比格林先生的班级多回收了多少个易拉罐？写出算式。

我们回收的易拉罐数量

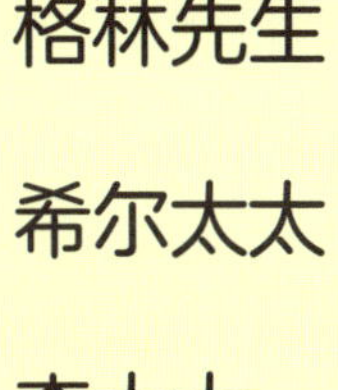

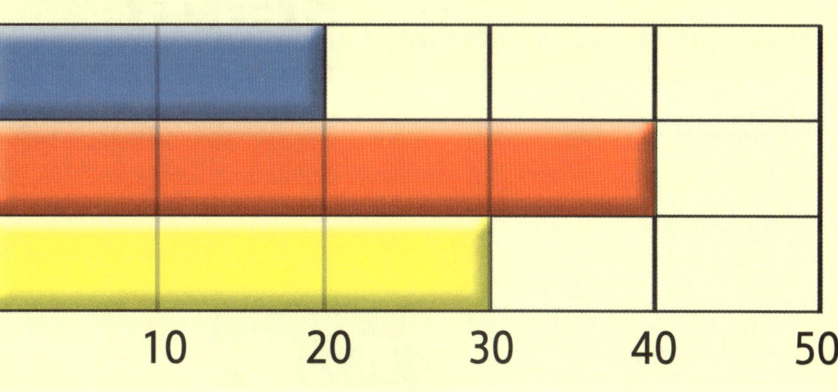

实验园地

家庭活动

做一个表格，写出你和家人回收的不同物品。

第一章回顾与备考

词汇

图片与词配对

1. 巨石。
2. 矿物。
3. 侵蚀。
4. 沙子。
5. 回收。
6. 污染。

你学到了什么？

7. 说出一些地球上的自然资源。
8. 侵蚀如何改变地球？

过程中的技巧

9. **观察** 观察屋外的植物，并描述它们生长的土壤。

图片线索

10. **使用图片线索** 说说人们是如何利用空气的。

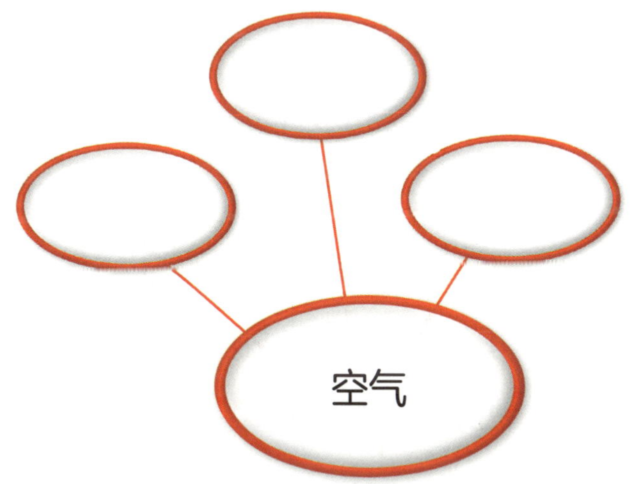

备考

把正确答案旁边的圆圈涂黑。

11. 人们可以用棉花做什么？

Ⓐ 家具
Ⓑ 枫糖
Ⓒ 衣服
Ⓓ 游乐设施

12. **科学写作** 列出一些人们丢弃的物品，说一说可以如何重复利用其中的一个物品。

“照看”地球

地球周围环绕着许多人造卫星。美国国家航空航天局的科学家把卫星发射到太空中，并利用卫星拍摄地球上自然资源的照片。卫星照片可以显示城市上空的空气污染状况，也可以显示庄稼的长势如何。从人造卫星上还可以很清楚地看到哪里有森林火灾。

冒烟的区域显示有森林火灾。

卫星拍摄了新生植物的照片。

实验园地

家庭活动

美国国家航空航天局的卫星会拍摄地球的照片。请你画一幅画，画出从太空中看到的地球。

护林员

一起读

护林员有许多工作。他们在森林里修路，还要防止森林火灾的发生。他们决定砍掉哪些树，也种植新树。

护林员研究森林，并且学习如何保护森林。他们为保护森林里的动植物出一份力，还教人们如何在森林里面保证自身的安全。

实验园地

家庭活动

如果你是护林员，你会做哪些工作？跟家人聊一聊，你在工作中将会如何保护森林。

第二章　地球的天气和季节

Chapter 2　Earth's Weather and Seasons

你将学习

- 天气变化有固定的模式。
- 不同季节的天气是如何变化的。

背景知识
天气如何变化?
龙卷风
水循环
凝结
蒸发

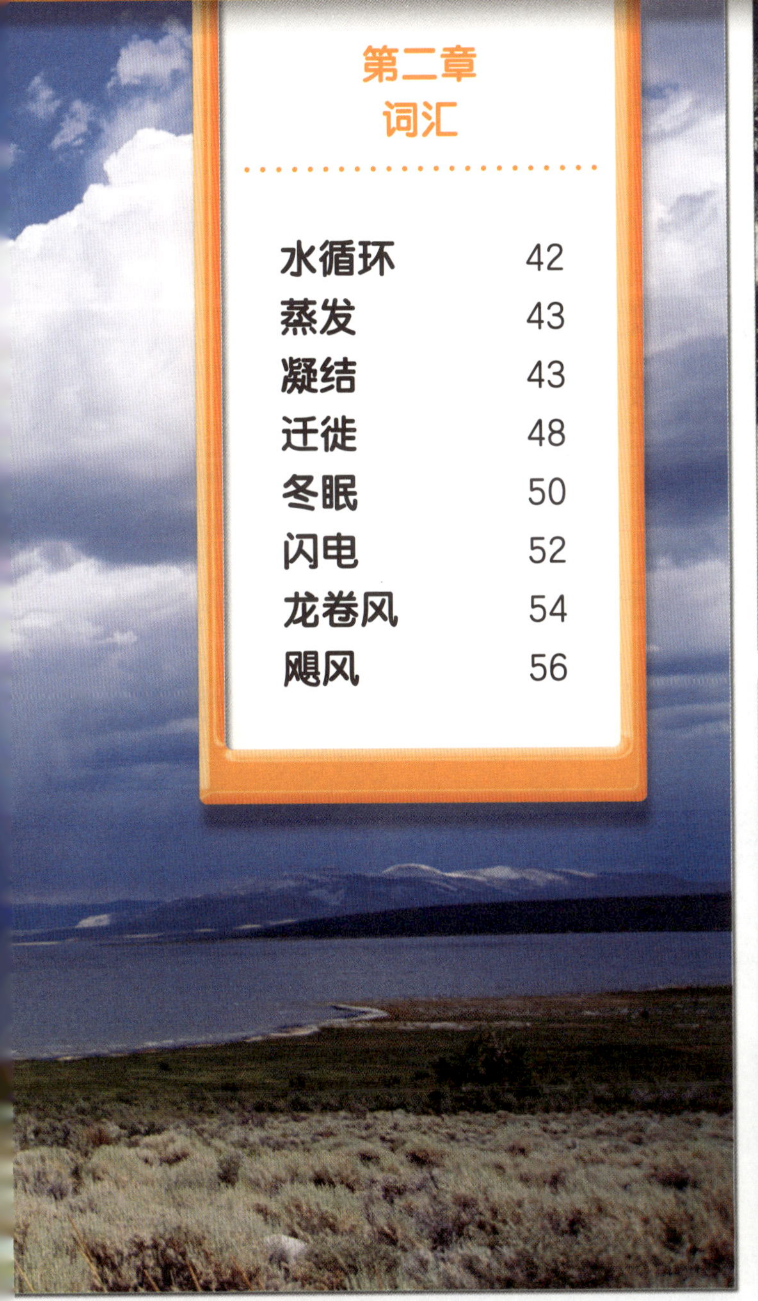

第二章
词汇

实验园地

指导探究

探索 降雨量是多少?

制作一个工具来测量降雨量。

材料

罐子

胶带

直尺

黑色铅笔

做什么

1. 从胶带底端开始，往上每隔 1 厘米写一个刻度，一直写到 12。

2. 把胶带贴到罐子上。

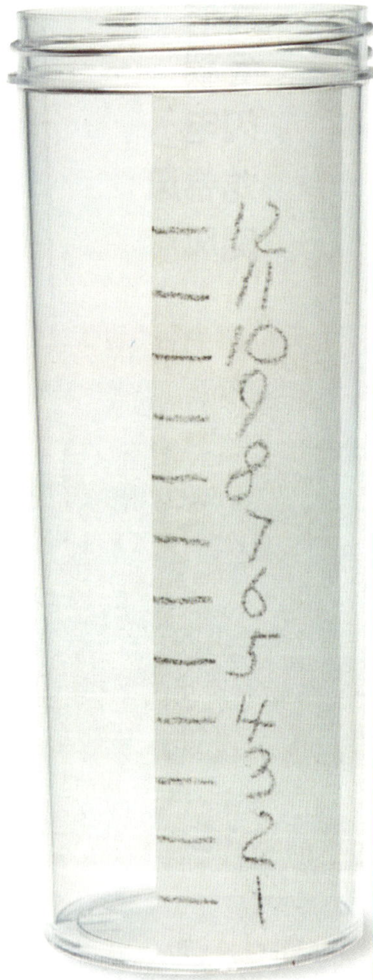

过程中的技巧

做出推论是指利用已知或所学知识进行推断。

解释结果

推论 你如何使用这个工具来测量降雨量?

如何阅读科学

得出结论

得出结论是指对看到的或读到的内容做出判断。

科学图片

运用

看图片。

推论 外面的天气怎么样?

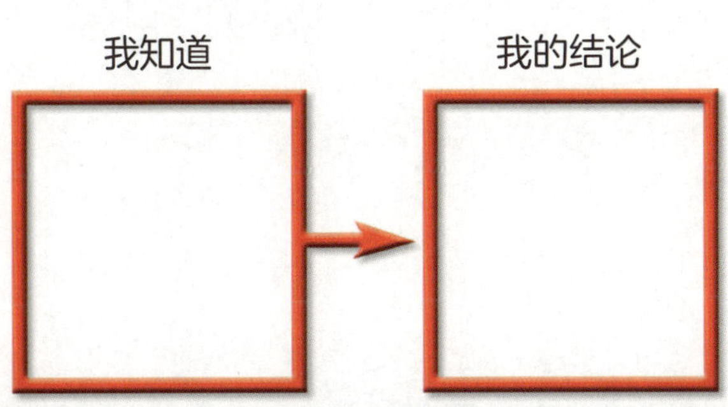

天气怎么样?

按照《扬基曲》(*Yankee Doodle*) 的调唱这首歌

歌词：Gerri Brioso & Richard Freitas/ The Dovetail Group, Inc.

There's all kinds of weather and
Of that I'm really sure.
Just open up a window
Or peek out an open door.

有各种各样的天气，
我只要打开窗，
或者朝门外瞅一瞅，
就可以非常确定这是
什么天气。

第一课

天气有哪几种类型?

早上醒来，你该如何决定穿什么衣服?查看一下天气吧!

天气是指室外的大气状态。温度是指物体有多冷或多热。观察天空中的云。如果树枝在晃动，说明有风。

有风的日子非常适合放风筝。

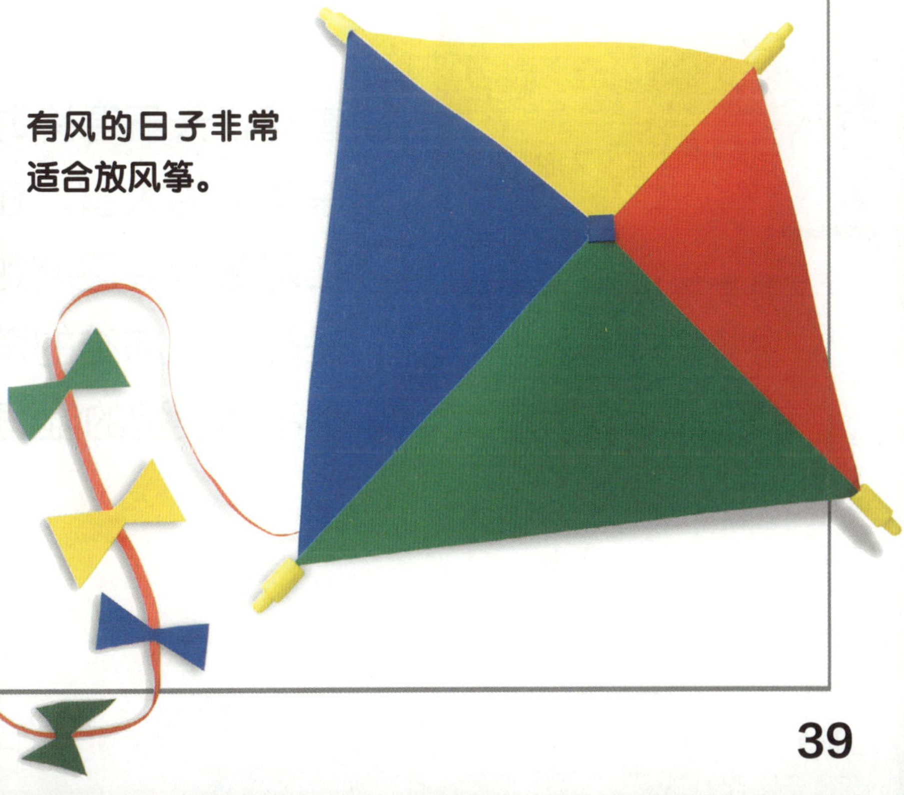

春天和夏天会有好几场大雨。

有些地方冬天会下雪。

冰雹是从云层降落的冰块或冰粒。

湿润和干燥的天气

云会显示出接下来是什么天气。云由很多小水滴和小冰晶组成，当这些小冰晶结合到一起时，它们就会落下来。

雪花在天气寒冷时降落。暴风雪是混杂强风的大雪。在温暖的空气中，雪在降落时会逐渐融化成雨水。雨夹雪是降落时冻结的雨。雪、雨和雨夹雪是不同类型的湿润天气。

长期干旱时，陆地会非常干燥。

如果很久没有下雨，就会发生干旱。干旱是一种干燥天气。如果天气干旱，动植物就无法获得充足的水分。

有些植物可能无法在长期干旱的环境下生存。

本课检测点

1. 有哪三种湿润天气？
2. 科学中的技术 登录天气预报网站，看一看你生活的地方明天的天气是什么样的？

第二课

什么是水循环?

水从云层到地表，又回到云层的过程叫作**水循环**。

观察下图，看一看水循环的步骤。

水可能会以雨、雪、冰雹或者雨夹雪的形式从云层降落。

水流入河流、湖泊和海洋。

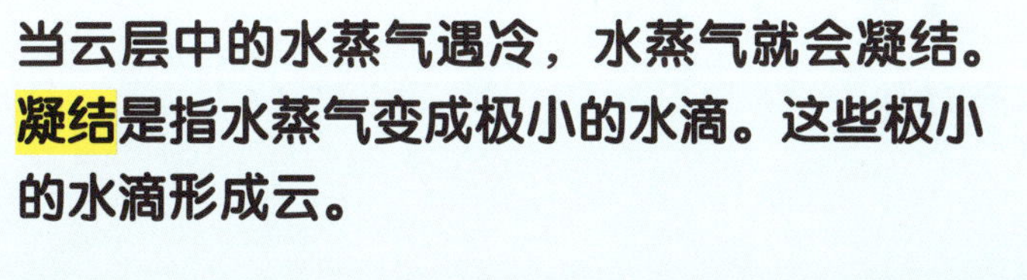

当云层中的水蒸气遇冷，水蒸气就会凝结。**凝结**是指水蒸气变成极小的水滴。这些极小的水滴形成云。

来自太阳的能量使一些水蒸发。水**蒸发**是指水变成水蒸气。水蒸气是指空气中的水。肉眼无法看到水蒸气。

本课检测点

1.水循环有哪几个步骤？

2. **得出结论** 来自太阳的能量如何改变水坑里的水？

第三课

春天是什么样的?

许多地方的天气都随着季节的变化而变化。四季是指春天、夏天、秋天和冬天。一年四季，周而复始。

春天里有几天比较冷，其他时候都很暖和。春日里雨水充沛，雨水帮助植物生长。许多动物都在春天孕育宝宝。

本课检测点

1.说一说春天里会发生的两件事情。

2. 科学写作 你在春天喜欢做哪些事情？写两个句子。

这只母鹿在春天有了她的宝宝。

美国密歇根州
霍兰德市

美国密歇根州霍兰德市以美丽的郁金香闻名世界。郁金香在春天开放。

春天雨水充沛。

树木在春天长出新芽。

第四课

夏天是什么样的?

春天过后是夏天。夏天的白天比春天长。夏天里通常白天炎热，夜晚也不冷。在大部分地区，夏季是一年中最热的季节。许多树木和其他植物都枝繁叶茂。花、果树和蔬菜也在夏季生长。

本课检测点

1. 春天和夏天的白天有什么不同?
2. 科学中的艺术 画一画你家附近的夏天。

在夏天，你可以看到很多动物家庭。

美国南加利福尼亚州查尔斯顿市

夏天的公园会特别漂亮。这个公园在美国南加利福尼亚州查尔斯顿市。

许多人喜欢在夏天种植蔬菜。

这只成年野鸭在夏日里带着鸭宝宝游泳。

第五课

秋天是什么样的?

夏天之后是秋天。秋天的白天比夏天短，天气开始转凉。

有些树叶在秋天会变成不同的颜色，然后掉落到地上。

有些动物，比如花栗鼠和松鼠，开始储藏过冬的食物。还有些动物会**迁徙**——就是搬到不同的地方去。

本课检测点

1.在秋天，动物会做哪两件事情?

2. **得出结论** 假设在秋天你看见一群一群的大雁向南飞去，你知道大雁在做什么吗?

在秋天，有些动物收集过冬的食物。

美国印第安纳州
布卢明顿市

快看！这棵树生长在美国印第安纳州布卢明顿市，它的叶子已经变成不同的颜色了。

沙丘鹤每年秋天都要迁徙。

农民在秋天收获庄稼。

第六课

冬天是什么样的?

秋天之后是冬天。有些地方的冬天非常寒冷，甚至会下雪，池塘和溪流也会结冰。

冬天白天的时间比秋天短，很多树上的叶子都掉光了。

有些动物在冬天时会冬眠。**冬眠**就是睡一个很长很沉的觉。到了春天，冬眠的动物才会出来觅食。

大多数熊会在冬天冬眠。

本课检测点

1. 动物冬眠时会怎样?
2. 科学写作 在**科学日记**上写一写你家的冬天。那里冬天的天气是怎样的?

美国纽约州阿迪朗达克市

美国纽约州阿迪朗达克市的冬天会有暴风雪。

冬天的时候，你可以看到很多树和房顶都被白雪覆盖了。

在雪地里玩耍很有趣，但是一定要穿上大衣，戴上帽子。

第七课

恶劣的天气有哪些?

雷雨是一种恶劣的天气。雷雨会混杂着打雷和闪电。**闪电**是天空中闪现的强光。打雷是闪电过后的巨大声响。有时候雷雨会伴有强风和冰雹。

1. 检测点 什么是闪电?
2. 科学中的艺术 做一个安全告示，说一说如何在雷雨天保证自己的安全。

雷雨期间降雨量很大。

雷雨天，注意安全！

- 在建筑物或汽车内躲避。
- 远离有水的地方。
- 远离金属制品。
- 不要站在树下。
- 不要使用电话。
- 远离电器。

龙卷风

雷雨天气也会出现龙卷风。**龙卷风**风力强劲，呈漩涡状从云层刮下来。

龙卷风形成的速度非常快，因此很难预测其发生的时间。龙卷风接近地面时会摧毁地面上的物体。

龙卷风经常在春季或夏季出现。

1. 检测点 说出在龙卷风来临时保证安全的一种方法。
2. 科学写作 讲一讲龙卷风是什么样的。

龙卷风来了，注意安全！

- 到地下室、内厅、小房间或浴室里躲避。
- 坐在楼梯下或内墙边。
- 远离窗户、水边、金属物体和电器。
- 保护好头部。
- 如果你没能及时到达躲避处，就平躺在地势较低的地上。

飓风

飓风是形成于温暖大洋表面的大风暴。飓风会带来强降雨，而雨水会造成洪涝灾害。

飓风的风力很强，可以刮倒树木和房屋。

✓ 本课检测点

1. 什么是飓风？
2. 得出结论 飓风来临时，室外的物体会怎样？

飓风来了，注意安全！

- 尽可能远离海边。
- 用木板把窗户封起来。
- 把室外不牢固的物件搬到室内。
- 手边备好干净的饮用水。
- 检查手电筒和无线电收音机的电量是否充足。
- 飓风来临时，要待在室内，并远离窗户。

这幅图片展示的是飓风眼，飓风眼是处于风暴中心的平静地区。

实验园地

引导探究

研究 如何测量天气的变化？

测量天气变化的工具有很多种。雨量计可以用来测量降雨量，温度计可以测量温度。

材料

雨量计

温度计

做什么

1. 将测量工具放到户外。
2. 一周内每天检查测量工具。
3. 记录每天的降雨量，以及气温。

过程中的技巧

你可以利用图表给天气分类。

一周气温及降雨记录表		
	雨量计	温度计
周一		
周二		
周三		
周四		
周五		

解释结果

1. 给这五天**分类**，记为多雨天和少雨天。一周天气记录表说明了什么？
2. 讲一讲一周的天气是如何变化的。

深入研究

你认为五天内会有多少降雨？测量一下，并找出答案。

绘制最喜欢的季节

小南想知道同学们最喜欢的季节是哪些，于是她做了一个图表来记录。

看下面的图表，回答问题。

春天 

夏天 

秋天 

冬天 

1. 最喜欢夏天的同学有多少个？
2. 用“<”“>”或“=”来比较最喜欢夏天和最喜欢冬天的同学数量。
3. 喜欢秋天的同学比喜欢春天的多多少？

实验园地

家庭活动

请六个同学说出他们最喜欢的季节，然后模仿小南做一个表。你的朋友或家人最喜欢哪个季节？

第二章回顾与备考

词汇

图片与词配对

1. 飓风。
2. 闪电。
3. 冬眠。
4. 迁徙。
5. 龙卷风。

你学到了什么？

6. 讲一讲水循环的各个步骤。
7. 哪个季节的白天最长？

过程中的技巧

8. **收集数据** 连续观察十天的天气状况，并记录晴天、多云和雨天的天数。

得出结论

9. 观察下图，你认为图中是哪个季节？

备考

把正确答案旁边的圆圈涂黑。

10. 水蒸气变成液体时，水________。

Ⓐ 蒸发了
Ⓑ 冬眠了
Ⓒ 凝结了
Ⓓ 迁徙了

11. 科学写作

写四句话，描述你居住的地方四季的天气是怎样的。

职 业

罗比·胡德是美国国家航空航天局的气象学家。

气象学家

一起读

气象学家研究天气。美国国家航空航天局的一些气象学家会研究飓风。他们想更多地了解飓风的形成，以及如何利用卫星更好地观察飓风。

美国国家航空航天局的科学家们通过研究飓风预测其可能发生的时间和地点。这样就能更快地发出预警，让更多的人转移到安全的地方。

实验园地

家庭活动

跟家人讨论一下飓风。列出几条气象学家的重要性。

第三章　化石与恐龙

Chapter 3　Fossils and Dinosaurs

你将学习

- 通过研究化石人们能知道什么信息。
- 恐龙长什么样子。

背景知识

人们如何了解很久以前的地球？

恐龙

第三章
词汇

灭绝

实验园地

指导探究

探索 植物和动物的化石分别是哪个？

化石是生活在很久以前的植物和动物的痕迹或者遗迹。

材料

拼图卡片

蜡笔或记号笔

剪刀和胶水

纸

做什么

1. 把拼图卡片剪下来。

使用剪刀时要当心。

给卡片涂色。

2. 把卡片放到一起，然后把化石与相应的动物或植物相匹配。

3. 用胶水把卡片粘贴到纸上。

过程中的技巧

当你回答问题时，就是在与人**交流**。

解释结果

交流 你是如何将化石与动物或植物相匹配的？

如何阅读科学

阅读技巧

复述

复述就是用你自己的话
讲一讲学到的知识。

科学故事

贝壳化石

很久以前，有一种动物生活在这个巨大的化石贝壳里面。这种动物的腕足很长，科学家们认为它们的腕足上有一排排像章鱼那样的吸盘。

运用

交流

讲一讲你对贝壳化石的了解。

复述

你在现场

去找化石吧！

按照《带我去棒球场》(*Take Me Out to the Ballgame*) 的调唱这首歌
歌词：Gerri Brioso & Richard Freitas/ The Dovetail Group, Inc.

Take a shovel, go digging.
In the dirt you may find,
Rocks that have shapes printed right in them.
Shapes of a leaf or an animal!

If you find one, you have a fossil.
A special clue to the past.
See what plants and animals looked like
A long time ago!

拿把铁锹，去挖掘吧！
在泥土中你会发现，
有些岩石里面印有某些形状，
像片叶子或是小动物！

如果你找到了，你就得到了一块化石。
一个属于过去的特别线索。
快看！很多年前的
植物或动物就长这样！

第一课

我们如何了解过去？

化石是生活在很久以前的植物或动物留下的痕迹或遗迹。有些化石是非常古老的骨骼，有些化石只是动植物在岩石上存留下来的形状而已。

研究化石的科学家叫**古生物学家**。古生物学家通过研究化石来了解很久以前的植物和动物。

化石是如何形成的

一条蜥蜴的遗迹存留在了一块岩石上，下一页的图片展示了这种化石是如何形成的。看看这几页上其他种类的化石。

这个化石展示了另一种生活在很久以前的蜥蜴的形状。

很久以前，一种动物在泥土上留下了这个足印，后来泥土变成了岩石，这个足印就成了一种化石。

这个贝壳是
一个化石。

这块化石是生活在很久以前的植物留下来的。

✓ 本课检测点

1.化石是什么？

2. **复述** 化石是如何形成的。

化石的形成

一条蜥蜴死了。

死去的蜥蜴被沙子和泥土覆盖。

沙子和泥土变成了岩石，蜥蜴的印迹就成了化石。

第二课

我们能从化石中了解什么？

化石呈现了生活在很久以前的植物和动物的大小和形状，有些化石记录了已经灭绝的植物和动物。**灭绝**是指植物或动物不再存在于地球上。

古羊齿属是一种已经灭绝的植物。
这块化石呈现了其树叶的形状。

有时植物和动物的生存需求无法从它们的栖息地得到满足，它们就无法继续存活下去，并且可能会从地球上永远消失。

始祖鸟已经灭绝了。
现在的哪种动物长得像始祖鸟？

本课检测点

1.古生物学家能通过化石了解到什么？

2. 复述 如果植物和动物的生存需求无法从它们的栖息地得到满足，它们会怎样？

第三课

恐龙长什么样？

恐龙是生活在很久以前的动物。有的恐龙体型非常庞大，有的恐龙体型很小；有的恐龙是食草的，有的恐龙是食肉的。现在，所有的恐龙都灭绝了。

秀颌龙只有一只鸡那么大。

巴洛龙长得很高大。

嘎吱！

禽龙巨大扁平的牙齿帮助它咀嚼植物。

嗷呜！

双脊龙捕食其他的恐龙。

1. 检测点 禽龙以什么为食？

2. 科学写作 写一写恐龙各有什么不同，再说一说它们的相同之处。

了解恐龙

古生物学家研究恐龙骨骼的化石来了解恐龙的样子。剑龙体型巨大，但它的头和嘴却很小。古生物学家认为这种恐龙是食草的，它需要一个有很多植物的环境。

三角龙头上有三个角！这些角可能是为了抵御其它动物的攻击。

好大的牙齿！霸王龙或许用它尖利的牙齿来吃肉。

通过观察剑龙的骨骼，科学家利用这些骨骼制作了剑龙的模型。这个模型展示了剑龙可能的外形。

本课检测点

1. 古生物学家通过研究剑龙的骨骼，了解到了什么？

2. 科学写作 写一个句子，讲一讲你最喜欢哪种恐龙。为什么？

第四课

有什么新发现?

窃蛋龙是体型较小的恐龙，古生物学家在一些恐龙蛋附近发现了一个窃蛋龙的化石。他们认为窃蛋龙当时正在偷蛋吃。

窃蛋龙蛋的长度是鸡蛋的两倍。

后来，另一个窃蛋龙的化石又被发现了，它坐在同一种恐龙蛋上。现在古生物学家认为，窃蛋龙并不是在偷蛋，而是在保护自己的蛋。

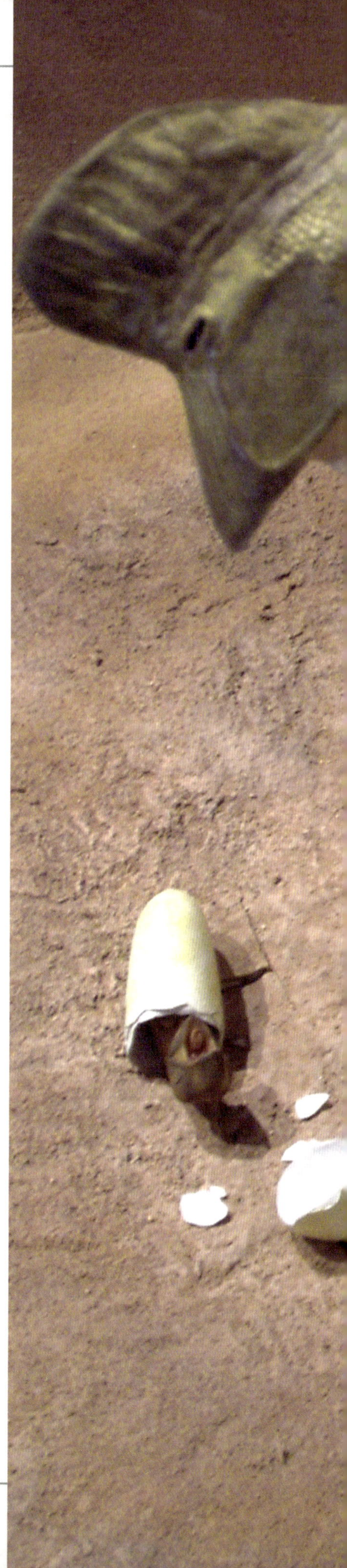

古生物学家现在认为，窃蛋龙在保护自己的蛋，以免受其他动物的伤害。

本课检测点

1.古生物学家对窃蛋龙有哪些了解？

2. **科学中的数学** 窃蛋龙的蛋大约长 20 厘米。在教室里找到你认为大约长 20 厘米的物品，量一量它的长度。

实验园地

引导探究

研究 如何制作化石模型？

材料

贝壳

黏土

2 件教室里的物品

做什么

1. **制作**一个化石的**模型**。
把贝壳用力按进黏土中。

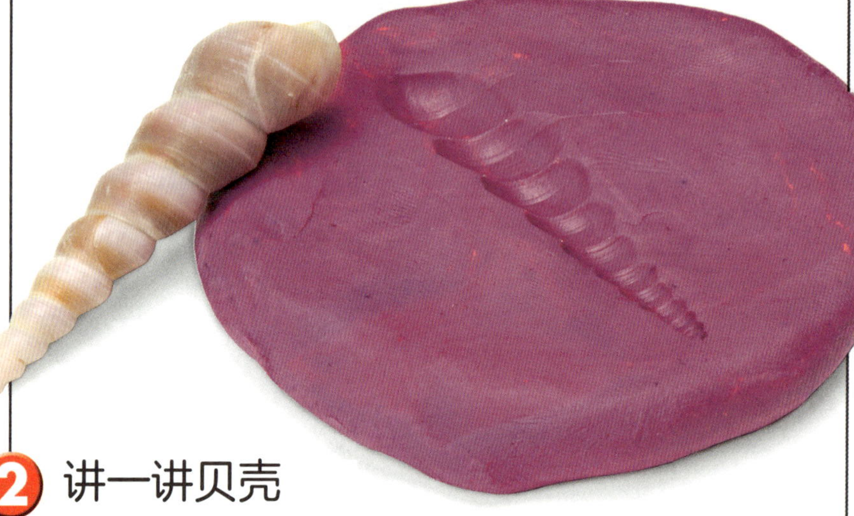

2. 讲一讲贝壳
和你做的贝壳化石模型。

贝壳及其化石模型的相似点和不同点	
相似点	不同点

过程中的技巧

你可以通过**制作模型**来了解事情是如何发生的。

3 现在从教室里选一件物品，
并制作这个物品的化石模型。

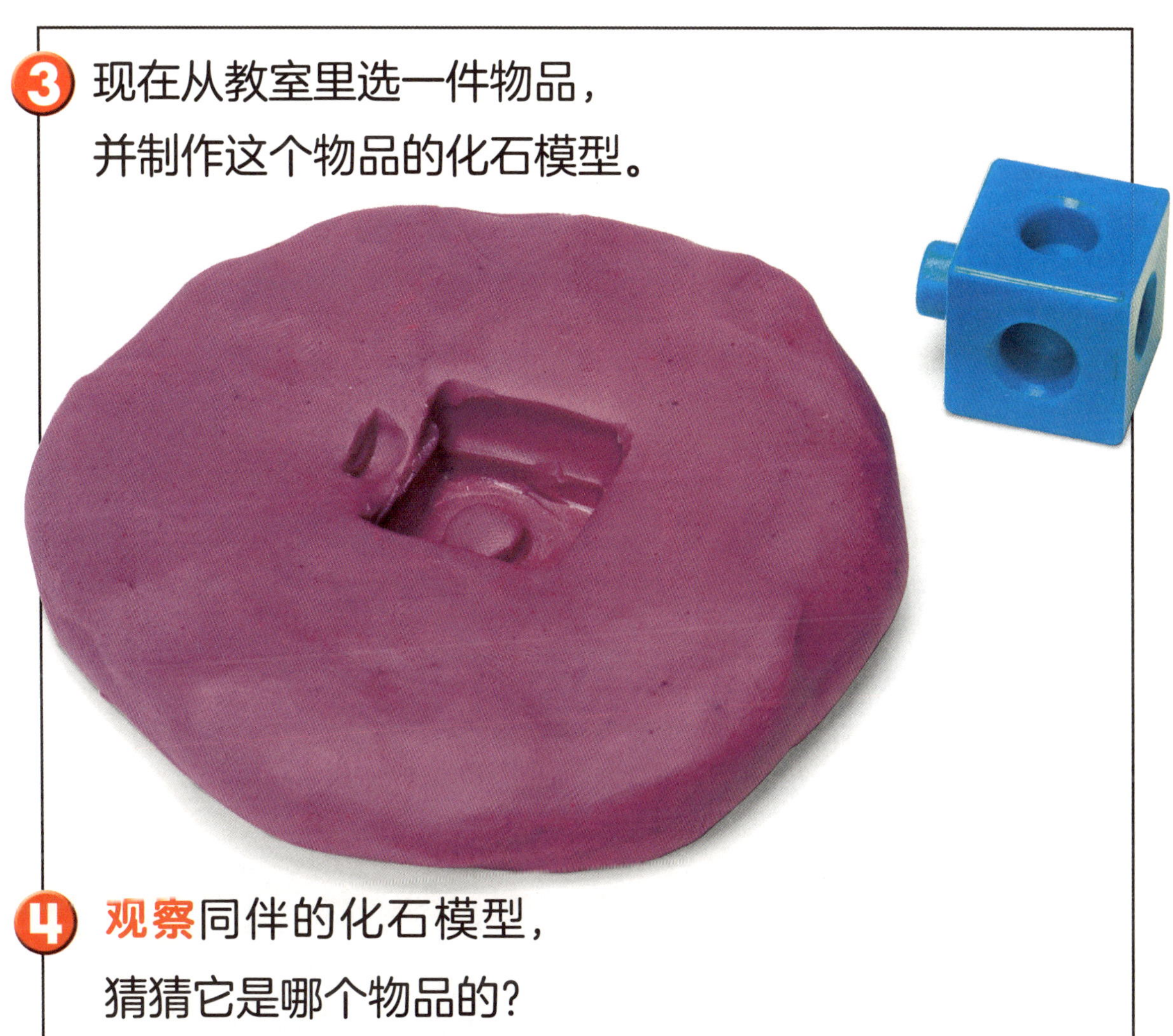

4 **观察**同伴的化石模型，
猜猜它是哪个物品的？

解释你的结果

1. 你如何**推断**同伴的化石模型是什么？
2. 化石如何提供有关生物的线索？

深入研究

你还可以怎样制作化石模型？设计一下，然后试一试。

测量化石叶子

观察下列三个叶子的化石，估测一下每片叶子有几厘米长，然后实际测量一下。

2

制作一个右图这样的条形图，把每片叶子的长度填进表中，然后根据条形图回答下面的问题。

1. 哪片叶子最长？
2. 哪片叶子最短？
3. 最长的叶子比最短的叶子长多少？

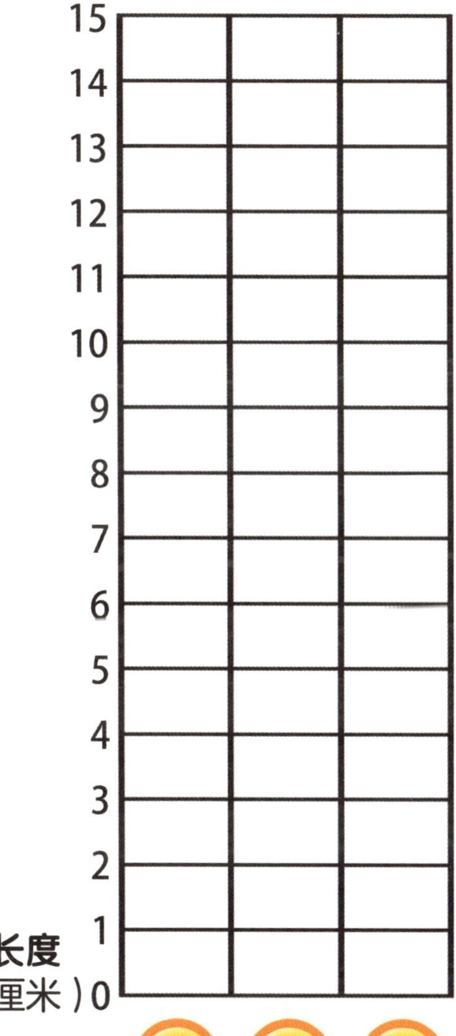

实验园地

家庭活动

在你家附近找三片叶子，量一量叶子的长度。然后制作一个条形图，并把叶子的长度填写进去。

第三章回顾与备考

词汇

图片与词配对

1. 古生物学家。
2. 化石。
3. 恐龙。

你学到了什么？

4. 为什么有些植物和动物会灭绝？
5. 叶子化石是如何形成的？
6. 人们如何利用化石了解过去？

过程中的技巧

7. **交流** 讲一讲化石如何帮助我们了解恐龙的样子。

复述

8.

三角龙的头可长达7英尺，它有一个像鸟一样的喙来帮助它咀嚼植物。

复述 你学到的三角龙的知识。

备考

把正确答案旁边的圆圈涂黑。

9. 哪种恐龙和鸡一样大小？

Ⓐ 霸王龙
Ⓑ 巴洛龙
Ⓒ 秀颌龙
Ⓓ 始祖鸟

10. **科学写作** 写两句话，讲一讲你所了解的古生物学家。

霸王龙的骨架

苏珊·亨德里克森

一起读

你想以你的名字命名一只恐龙吗？这只霸王龙的名字叫作苏，是以苏珊·亨德里克森的名字命名的。苏珊·亨德里克森是一位古生物学家，她致力于寻找灭绝动物的化石，并在博物馆里展出它们。

苏珊·亨德里克森发掘了这个霸王龙骨架的化石。你如果去参观芝加哥的菲尔德博物馆，就能看见这个霸王龙苏的化石。

实验园地

家庭活动

利用毛根绒条做一个霸王龙的骨架模型，并与家人分享你的模型。

聊聊考试

考试策略

- 找到关键词
- 选择正确的答案
- 利用文本和图表中的信息
- 写下答案

利用文本和图表中的信息

你可以利用文本和图表中的信息帮助你解答科学问题。

月份	降雨量
三月	1 英寸
四月	4 英寸
五月	3 英寸

三月的降雨量最少，四月和五月的降雨量多于三月。

利用文本和图表里的信息回答问题。

哪个月降雨最多？

Ⓐ 三月

Ⓑ 四月

Ⓒ 五月

Ⓓ 六月

文本表明四月和五月的降雨多于三月。看一看图表，哪个月降雨量最多？

整　理

第一章

地球的自然资源有哪些?

•阳光、空气和水是地球上的自然资源。

第二章

天气是如何变化的?

•天气每天都在变化。
•不同的季节有不同的天气。

第三章

人们如何了解很久以前的地球?

•人们通过研究化石来了解很久以前地球上的植物和动物。

表现评估

制作一个水力侵蚀的模型

- 把沙子放到烤盘中
- 把烤盘稍微倾斜
- 用水杯从烤盘上方慢慢浇水
- 观察水侵蚀沙子的过程
- 讲一讲你可以如何使沙子免受侵蚀

阅读更多的地球科学书籍！

在图书馆找寻相关图书来阅读。

实验园地

完全探究

实验 碎石、沙子还是泥土上能留下最清晰的痕迹？

有时，沙子能慢慢变成岩石，植物或动物留下的痕迹能变成岩石里的化石。

材料

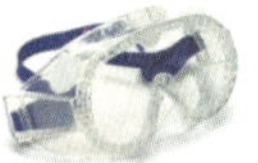

安全防护镜

3 个纸盘

3 张索引卡

1 杯碎石
1 杯沙子
1 杯泥土

贝壳

过程中的技巧

假设是对问题的回答。你可以用实验来检验假设是否正确。

提出问题。

哪一个留下的痕迹最清晰？

提出假设。

在碎石、沙子，还是泥土上能留下最清晰的痕迹？讲一讲你是怎么想的。

设计一个公平实验。

在每个纸盘上放上等量的实验品。

进行实验。

1 把碎石、沙子和泥土放到各个纸盘里。

2 把贝壳按进碎石、沙子和泥土中。

做完实验后要洗手。

3 **观察** 每个纸盘里的痕记。

收集和记录数据。

填写表格，用 X 做标记。

哪个痕迹最清晰？			
	痕迹最深	有些痕迹	无痕迹
碎石			
沙子			
泥土			

说出你的结论。

碎石、沙子和泥土上的痕迹哪个最清晰？哪个最容易形成化石？

深入研究

如果使用湿的沙子、泥土和碎石，会有怎样的结果？做实验，找出答案。

开满野花的草地

See the carpet of colorful flowers
and green-gold feathery grasses,
all gently waving
as the spring wind passes.

快看！铺满大地的五彩花朵，
绿油油柔软如羽毛的草啊，
当春风拂过，
都在温柔地摇曳。

A home to humblebees and birds,
frogs and moths and butterflies,
the springtime wildflower meadow
is quite a special prize.

While it's true that many plants
have a special duty,
the gift of a wildflower meadow
is its amazing beauty.

那是黄蜂、小鸟、青蛙、飞蛾，
还有蝴蝶的家园。
春天遍布野花的草地啊，
是上天赐给我们特别的礼物。

是啊！植物都有一份
特别的职责，
开满野花的草地带给我们的礼
物，就是它那独特的美丽。

科学节项目

想法 1

水的蒸发速度有多快

设计一个实验。探究水在冷的地方蒸发快，还是在热的地方蒸发快。

想法 2

测量温度

设计一个实验。探究白天室外的温度是如何变化的。

完全探究

使用科学方法

1. 提出问题。
2. 做出假设。
3. 设计一个公平实验。
4. 进行实验。
5. 收集并记录数据。
6. 说出你的结论。
7. 深入研究。

提示

请各位读者在阅读本书之后，继续学习《美国科学·太空与技术·第二级》第 EM1–EM9 页的内容。

术语表

（请在这里查阅和学习本册中出现的术语，它们按照页码顺序排列，每个词语都配有英文对应词，并附有释义和例句。）

自然资源 natural resource 7

来自大自然的有用的物质。

岩石是**自然资源**。

巨石 boulder 10

一块巨大的岩石。

水边有一块**巨石**。

沙子 sand 10

细小的岩石碎粒。

人们利用**沙子**来修建道路。

矿物 mineral 11

来自地球的非生命物质。

铜是一种**矿物**。

侵蚀 erosion 16

水和风使岩石和土壤发生变化。

大雨会造成土壤**侵蚀**。

风化 weathering 17

岩石碎裂、发生改变。

风化使岩石变成沙子。

污染 pollution 18

有害的物质排放到空气、土壤或水中。

很多人在努力减少**污染**。

循环利用 recycle 21

改变物品后再次使用。

我的家庭会**循环利用**塑料水瓶。

水循环 water cycle 42

水从云层到地表，又回到云层的过程。

在**水循环**中，水凝结和蒸发。

蒸发 evaporate 43

从液态变为气态的过程。

水坑里的水会**蒸发**变成水蒸气。

凝结 condense 43
从气态变为液态的过程。
水蒸气在我的杯子上**凝结**了。

迁徙 migrate 48
动物有规律地从一个地方迁移到另一个地方。
很多鸟类都会在冬天**迁徙**。

冬眠 hibernate 50
整个冬天都在睡觉和休息。
一些动物会**冬眠**。

闪电 lightning 52
闪电是天空中闪现的强光。
我们看到**闪电**划过天空。

龙卷风 tornado 54
呈漩涡状从云层刮下来的强风。
从离我们镇很近的地方刮来了**龙卷风**。

飓风 hurricane 56
兴起于温暖大洋表面的风暴，伴有大雨和强风。
飓风会带来强降雨和强风。

化石 fossil 71
生活在很久以前的植物或动物的痕迹或遗迹。
在博物馆里有恐龙**化石**。

古生物学家 paleontologist 71
研究化石的科学家。
古生物学家通过研究化石了解很久以前的生命。

灭绝 extinct 74
植物或动物不再存在于地球上。
恐龙**灭绝**了。

恐龙 dinosaur 76
一种生活在几亿年前的已经灭绝的动物。
恐龙是很久以前生活在地球上的大型动物。

中文版科学顾问

高爽

北京师范大学天文系讲师，博士

科普作家、翻译、活动家

中国天文学名词审定委员会成员

“在我的教学和科普经验里，给低年级小学生讲月相的变化和成因，是‘不可能完成的任务’。但这套书竟然做到了，不仅简单，而且引人入胜，丝毫不丢失科学细节和严谨性，难能可贵。因此，我强烈建议中小学校和科普机构参考这套书的结构和叙事方式。我们可以从中学到的不仅是天文知识，对学生来说，这套书用神奇的方式打开新世界，这个方式就是体验和讲故事；对教师来说，这套书是与以往不同的教学模式，这个模式就是将复杂的科学简单化、生动化。这是我们应该努力探索的道路，这套书做到了。”

黄晓东

澳大利亚皇家墨尔本理工大学教授，博士后

澳大利亚科学院优秀学者

“这套美国小学通用科学教材浅显易懂，内涵丰富，是一套非常棒的科学启蒙读物。它通过大量的问题、图片和体验式实验，引导孩子们观察、推理、预测、交流、测量、排序、比较、分类、调查、建立模型以及得出结论，在动手操作中培养孩子们的科学探究精神和科学批判性思维。”

贾鹤鹏

知名科学记者与科学传播学者

中科院《科学新闻》杂志原总编辑，主任编辑

原美国麻省理工学院科学新闻研究员

“科学始于梦想；睿w智源于求知。”

卢明辉

南京大学现代工程与应用科学学院教授，博士

国家自然科学二等奖获得者

“将一件繁复的事情讲简单，是一件非常了不起的事情；将一个科学问题，用引人入胜、童话般的语言娓娓叙述，不仅需要过人的功力，还得保有一份难得的童心。正是这种脱胎于人类天性的烂漫童心才是人类最具有原始创新力的源泉。这套丛书在讲授通识科学的同时，将为孩子们装上想象力的隐形翅膀，飞翔在梦想的天空中。”

王永亭

上海交通大学生物医学工程学院教授，博士

科学松鼠会成员

儿童科普读物作者、翻译

“孩子总是好奇心十足，爱问问题。‘我从哪里来？’‘石头也是用种子种出来的吗？’这些宝贵的好奇心如果缺少珍惜和培养，慢慢地就会消失。如果家长能够和孩子一起阅读科学、讨论科学、动手实践，孩子的好奇心和探究的能力就会得到滋养。《美国科学》这套丛书，有精美的图片、准确的语言、恰当的问题、容易执行的实践活动，为家长和孩子一起学习科学提供了很好的工具。打开书，和孩子一起体验科学之美吧。”

丛书作者

蒂莫西·库尼博士
爱荷华州锡达福尔斯市
北爱荷华大学
地球科学与科学教育
教授

吉姆·卡明斯博士
加拿大多伦多市多伦多大学
课程与教学系
教授

詹姆斯·弗勒德博士
加利福尼亚州
圣地亚哥州立大学
教师教育学院
文化与语言杰出教授

芭芭拉·凯·福茨，教育学硕士
得克萨斯州休斯顿市
科学教育顾问

M. 詹妮丝·戈德斯通博士
亚拉巴马州
塔斯卡卢萨亚拉巴马大学
基础教育项目系
科学教育副教授

雪莉·戈尔斯通·基博士
田纳西州孟菲斯市孟菲斯大学
教育学院教育与课程领导系
科学教育副教授

黛安娜·拉普博士
加利福尼亚州
圣地亚哥州立大学
教师教育学院
阅读与语言艺术杰出教授

谢里尔·A. 默西埃
加利福尼亚州邓拉普小学
课堂教师

卡伦·L. 奥斯特伦，哲学博士
得克萨斯州奥斯丁市
得克萨斯大学自然科学学院
科技工程数学类教师培养
项目专家

南希·罗曼塞博士
加利福尼亚州
佛罗里达大西洋大学
查尔斯·E. 施密特科学学院
科学教育教授
兼
美国国家科学基金会 / 国际教育成就评价协会与美国教育专家考试中心联合研究院
科学项目主要研究者

威廉·泰特博士
密苏里州圣路易斯市
华盛顿大学
教育系教育与应用统计学
教授兼系主任

凯瑟琳·C. 桑顿博士
弗吉尼亚州夏洛茨维尔市
弗吉尼亚大学
工程与应用科学学院教授
前美国国家航空航天局
宇航员

利昂·尤肯斯博士
马里兰州陶森市陶森大学
天文物理与地理科学系
荣誉教授

史蒂夫·温伯格
康涅狄格州东哈特福德
康涅狄格州高新技术中心
顾问

顾问作者

迈克尔·P. 克伦奇博士
加利福尼亚州埃尔森特罗市
埃尔森特罗小学学区主管

科学内容顾问

弗雷德里克·W. 泰勒博士
得克萨斯州奥斯丁市
得克萨斯大学
地球物理学学会 / 杰克森
地球科学学院
高级研究科学家

露丝·E. 巴斯柯克博士
得克萨斯州奥斯丁市
得克萨斯大学生物科学学院
高级讲师

克利夫·弗罗利希博士
得克萨斯州奥斯丁市
得克萨斯大学
地球物理学学会 / 杰克森
地球科学学院
高级研究科学家

布拉德·埃默斯基
得克萨斯州奥斯丁市
得克萨斯大学
麦克唐纳天文台

内容顾问

阿蒂娜·威廉斯·劳斯顿，哲学博士
首要教育办公室成员
首席教育官

克利福德·W. 休斯敦，哲学博士
首要教育办公室成员
教育项目副首席教育官

弗兰克·C. 欧文斯
首要教育办公室成员
高级政策顾问

德博拉·布朗·比格斯
教育引导部门太空行动任务
教育飞行项目办公室经理

埃丽卡·G. 维克
教育飞行项目办公室
美国国家航空与航天局与
培生斯考特福斯曼之间联络人

威廉·E. 安德森
航空学研究任务部门
教育合伙经理

阿妮塔·克里希纳穆尔蒂
太空科学教育外展项目
项目规划专家

邦尼·J. 麦克莱恩
太空探索系统任务部门
教育部长

黛安娜·克莱顿，哲学博士
地球科学教育
项目专家

德博拉·里韦拉
美国国家航空航天局总部
公共事务办公室
公共事务官员

道格拉斯·D. 彼得森
美国国家航空与航天局
约翰逊太空中心
宇航员办公室 / 公共事务办公室
公共事务官员

妮科尔·克卢捷
美国国家航空航天局
约翰逊太空中心
宇航员办公室 / 公共事务办公室
公共事务官员

珍妮弗·J. 怀斯曼博士
美国国家航空航天局总部
哈勃太空望远镜
项目科学家